まちごとチャイナ

Beijing 008 Yiheyuan

頤和園と西山

西太后の愛した「サマー・パレス」

Asia City Guide Production

【白地図】北京市街

CHINA
北京

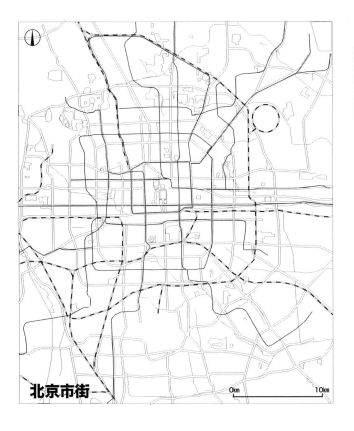

【白地図】西山

CHINA
北京

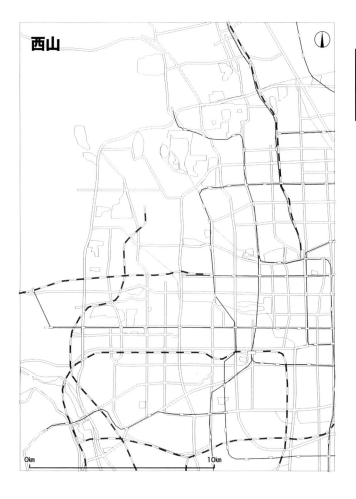

西山

Yiheyuan

白地図

【白地図】頤和園

CHINA
北京

頤和園

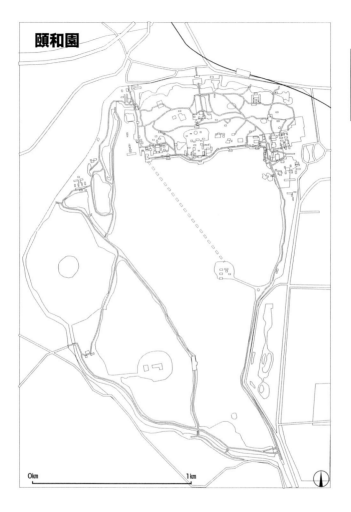

Yiheyuan 白地図

【白地図】宫廷区

CHINA
北京

【白地図】前山遊覧区

CHINA
北京

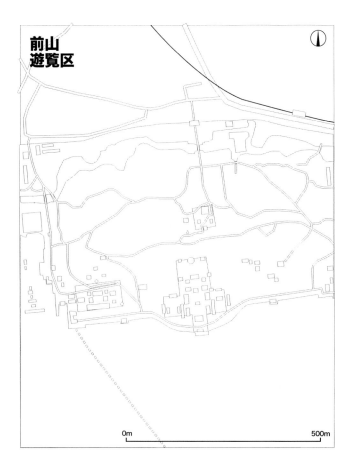

【白地図】万寿山

CHINA
北京

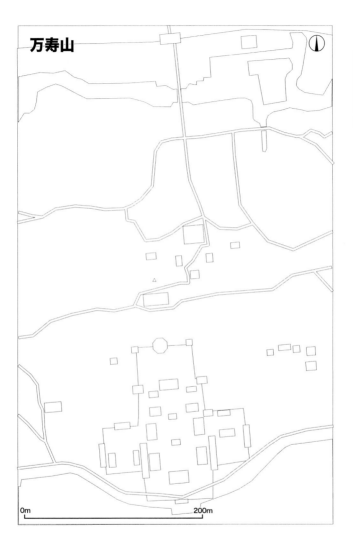

【白地図】円明園

CHINA
北京

円明園

Yiheyuan 白地図

【白地図】北京西郊外

CHINA
北京

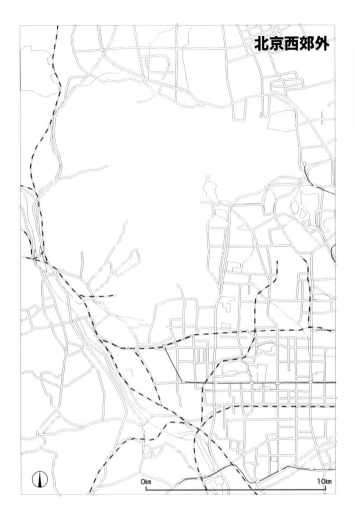

北京西郊外 Yiheyuan 白地図

【白地図】香山公園と北京植物園

CHINA
北京

【白地図】八大処公園

CHINA
北京

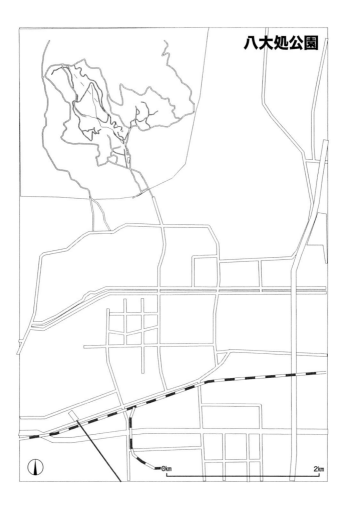

【まちごとチャイナ】

北京 001 はじめての北京

北京 002 故宮（天安門広場）

北京 003 胡同と旧皇城

北京 004 天壇と旧崇文区

北京 005 瑠璃廠と旧宣武区

北京 006 王府井と市街東部

北京 007 北京動物園と市街西部

北京 008 頤和園と西山

北京 009 盧溝橋と周口店

北京 010 万里の長城と明十三陵

CHINA
北京

西直門から外側に進んだ、北京西郊に広がる一帯は西山と総称され、風光明媚の山水、庭園が残っている。なかでも清朝の夏の離宮であった頤和園は、自然の地形を利用して湖、山と宮殿、仏閣が調和するように配置され、美しいたたずまいを見せている。

頤和園の位置する西山は、隋唐時代から景勝地として知られ、12世紀に北京に都をおいた金代以来、歴代王朝の離宮がおかれるようになった（西山の美しい水は、水路を通って北京市街へ運ばれた）。とくに清朝第6代乾隆帝が自らの母親の

頤和園と西山
颐和园 yí hé yuán
イィハァユエン
Yi He Yuan

60歳の誕生日を祝う目的で清漪園を造営し、現在の頤和園へと続く離宮のかたちが整った。

　1860年のアロー号事件や1900年の義和団事件など、清朝末期の度重なる戦乱のなかで、この離宮はたびたび破壊をこうむった。しかし、ときの権力者西太后は、そのたびに巨額の財を投じて修復し、この時代から頤和園という名前になった。西太后は昆明湖に船を浮かべ、高級食材を駆使した満漢全席を味わうなど奢侈を極めた生活を送り、1年の3分の2を頤和園で過ごすこともあったという。

【まちごとチャイナ】

北京 008 頤和園と西山

CHINA
北京

目次

頤和園と西山……………………………………………xxii

自然と調和する離宮………………………………………xxviii

宮廷区鑑賞案内……………………………………………xxxviii

前山景区鑑賞案内……………………………………………li

後山景区鑑賞案内……………………………………………lxvii

絶大な力を握った怪女………………………………………lxxiii

円明園鑑賞案内………………………………………………lxxix

西山城市案内…………………………………………………lxxxvii

西欧の侵略と清朝落日………………………………………cxiii

【MEMO】

【地図】北京市街

CHINA
北京

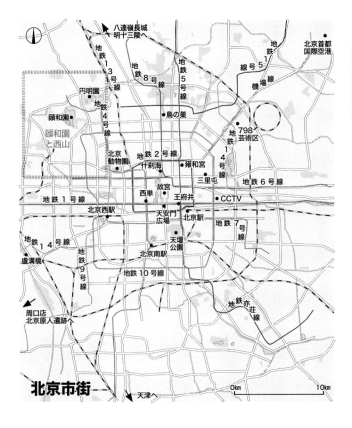

自然と調和する離宮

CHINA
北京

北京郊外に位置する西山
風光明媚な山水が広がるなか
庭園、寺院仏閣が展開する

風光明媚の地、西山

西山は、北京西部にそびえる万寿山、玉泉山、香山、石景山、潭柘山、馬鞍山などの総称で、標高1291mの妙峰山を最高とする。これらの山々は太行山脈の支脈にあたり、古くから景勝地として知られてきた。隋唐時代、西山に仏教寺院がいくつも建てられ、「西山三百寺」とも「西山五百寺」とも呼ばれていた。明代、宮廷に仕える宦官が西山に別荘をもち、清代になると皇帝の離宮として三山五園（香山、玉泉山、万寿山の三山、暢春園、円明園、静明園、静宜園、清疏園の五園）が造営された。西山にわく名水は市街へひかれ、その恵

Yiheyuan

自然と調和する離宮

みは北京の貴重な水源になってきた。

頤和園とは

頤和園は北京中心部から北西12㎞に位置し、西山の一角をしめる万寿山の斜面に宮殿や仏閣が展開する。18世紀、清朝第6代乾隆帝の時代に、燕山山脈の支脈の山塊を切り開き、昆明湖を中心とする離宮が整備された。この造景には乾隆帝の愛した江南の風景がとり入られ、渓谷や林など自然の地形がそのまま利用されている。古来、中国には神仙思想があり、万寿山を海上の蓬莱山（仙人が住み、不老不死の薬があると

【MEMO】

CHINA
北京

▲左　蓮の花で彩られた昆明湖。　▲右　頤和園には多くの観光客が訪れる

いう)、昆明湖を海に見立てられると同時に、仏香閣を中心とする頤和園の構成では清朝が保護したチベット仏教の世界観が表現されているという。乾隆帝の時代は清漪園と呼ばれていたが、19世紀末、西太后によって「頤養衝和」を意味する頤和園と改名された。

頤和園の構成

広大な頤和園の敷地は、東側の宮廷区（東宮門、仁寿門、仁寿殿など各国の使節や臣下と謁見した政治の舞台と、玉瀾堂、楽寿堂、徳和園など皇帝や皇后の生活居住区からなる)、前

CHINA
北京

山遊覧区、後山景区、昆明湖景区などのエリアにわかれる。総面積のうち昆明湖などの水辺が4分の3を占め、頤和園の中央部には標高109mの万寿山(古くは金山と呼ばれていた)がそびえ、その南斜面に仏香閣、北斜面に香岩宗印之閣などの寺院が展開する。

頤和園のかんたんな歴史

頤和園の位置する西山は古くから景勝地の地として知られ、万寿山の麓には湖が広がっていた。1153年の金代、海陵王によって現在の北京に都が遷されると、頤和園の地に行宮が

▲左　万寿山斜面の軸線上に建物がならぶ。　▲右　水郷地帯の江南の街並みが再現された蘇州街

設けられ、造園がはじまった。続く元（モンゴル帝国）の時代、郭守敬のもと慢性的な水不足で知られる北京への水利工事が行なわれた（この地に貯水湖をつくり、その水は大都城内へひかれ、西海、北海、中海、南海となった）。清代、乾隆帝の時代に清漪園として整備され、列強の侵略などから30年近く廃墟となっていたが、西太后は1888年にこの廃墟を復旧させた。海軍費の銀三千万両があてられるなど、12年かけて工事が進み、美しい離宮頤和園が姿を現すようになった。

【地図】西山

【地図】西山の [★★★]
- [ ] 頤和園 颐和园 イィハァユェン

【地図】西山の [★★☆]
- [ ] 円明三園 圆明三园 ユゥアンミンサンユェン
- [ ] 碧雲寺 碧云寺 ビィユゥンスー

【地図】西山の [★☆☆]
- [ ] 臥佛寺 卧佛寺 ウォーフォースー
- [ ] 玉泉山 玉泉山 ユゥチュアンシャン
- [ ] 明景泰陵 明景泰陵 ミンジンタイリン
- [ ] 八大処公園 八大处公园 バァダァチュウゴンユェン

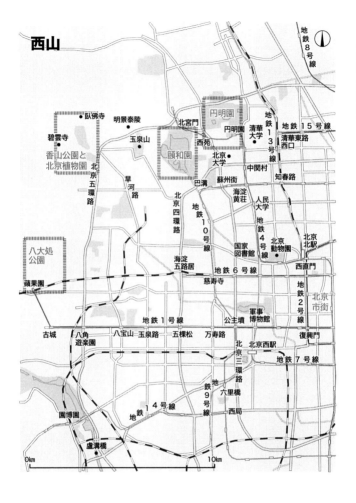

Yiheyuan 自然と調和する離宮

【地図】頤和園

【地図】頤和園の [★★★]
- [ ] 仏香閣 仏香阁 フォシィアンガァ

【地図】頤和園の [★★☆]
- [ ] 仁寿殿 仁寿殿 レンショウディエン
- [ ] 楽寿堂 乐寿堂 ルゥショウタン
- [ ] 昆明湖 昆明湖 クンミンフゥ
- [ ] 長廊 长廊 チャンラン
- [ ] 清晏舫 清晏舫 チンヤンファン
- [ ] 蘇州街 苏州街 スゥチョウジエ
- [ ] 諧趣園 谐趣园 シエチュウユェン

【地図】頤和園の [★☆☆]
- [ ] 東宮門 东宫门 ドンゴンメン
- [ ] 知春亭 知春亭 チィチュンティン
- [ ] 十七孔橋 十七孔桥 シィチィコンチャオ
- [ ] 排雲殿 排云殿 パイユンディエン
- [ ] 西堤 西堤 シィディ
- [ ] 香岩宗印之閣 香岩宗印之阁 シャンヤンツォンインチィガァ
- [ ] 北宮門 北宫门 ベイゴンメン

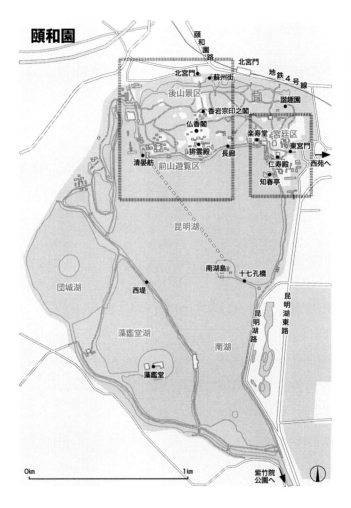

Yiheyuan　自然と調和する離宮

Guide, Gong Ting Qu
宮廷区
鑑賞案内

CHINA
北京

頤和園の東部にあたる宮廷区
ここは皇帝や西太后が起居した場所で
いくつもの楼閣が続いていく

東宮門 东宫门 dōng gōng mén ドンゴンメン ［★☆☆］

北京市街の西直門から頤和園へいたると、牌楼が立ち、その奥に頤和園の東側の入口である東宮門が門構えを見せている（この東宮門の両脇にある銅製の獅子は乾隆帝時代のもの）。東宮門を抜けると、西太后や光緒帝が政治を行なった仁寿殿などの宮廷地区へ続く。

仁寿殿 仁寿殿 rén shòu diàn レンショウディエン ［★★☆］

仁寿殿は西太后や光緒帝が頤和園に滞在したさい、国務を執り行なった宮殿で、ここで臣下や外国使節との謁見が行なわ

▲左　満州文字と漢字で書かれた扁額。　▲右　頤和園の東側正門、東宮門

れるなど、清朝末期の政治の舞台となった。乾隆帝の時代に建てられたときには勤政殿と呼ばれていたが、1860年のアロー号事件で焼かれたあと、光緒帝時代の1888年に再建されて仁寿殿と名づけられた（仁寿とは仁徳があり、命が寿、長いという論語の一節からとられている）。仁寿門を抜けると、1889年におかれた太湖石の寿星石（光寿星）があり、西太后が国家の存続を願ってつくらせた麒麟像、乾隆帝時代の銅鼎、光緒帝時代の銅造龍などが仁寿殿の前庭におかれている。

【地図】宮廷区

【地図】宮廷区の ［★★☆］
- [ ] 仁寿殿 仁寿殿 レンショウディエン
- [ ] 楽寿堂 乐寿堂 ルゥショウタン
- [ ] 昆明湖 昆明湖 kūn míng hú クンミンフゥ
- [ ] 諧趣園 谐趣园 シエチュウユェン

【地図】宮廷区の ［★☆☆］
- [ ] 東宮門 东宫门 ドンゴンメン
- [ ] 玉瀾堂 玉澜堂 ユゥランタン
- [ ] 夕佳楼 夕佳楼 シィジィアロウ
- [ ] 徳和園 德和园 ドゥハァユェン
- [ ] 知春亭 知春亭 チィチュンティン
- [ ] 耶律楚材墓 耶律楚材墓 ユェリュウチュウツァイムゥ
- [ ] 文昌閣 文昌阁 ウェンチャンガァ

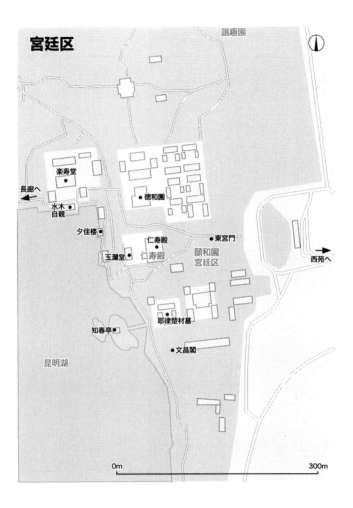
宮廷区鑑賞案内

【MEMO】

CHINA
北京

▲左 仁寿殿の前に立つ麒麟の像。 ▲右 光緒帝が西太后に軟禁されていた、玉瀾堂

仁寿殿内部

仁寿殿内の中央には、「寿協仁符」の扁額がかかり、その下には宝座がおかれている。殿内中央のものが西太后のもので、左右の質素なものが皇帝の光緒帝とその皇后のものだった。また殿内には中国各地から集められた宝物や詩書幅も見られる。

玉瀾堂 玉瀾堂 yù lán táng ユゥランタン ［★☆☆］

仁寿殿の西側に隣接し、清朝第11代光緒帝の居室がおかれていた玉瀾堂。光緒帝は康有為の献策を受けて親政を試みた

が、西太后によって失敗し、軟禁された場所でもある（戊戌の変法）。そのとき光緒帝は窓をふさがれ、外部との連絡を遮断され、外を見ることも許されていなかった（やがて南海の瀛台に移された）。現在も玉瀾堂には、光緒帝が軟禁されたときの壁が残っている。

夕佳楼 夕佳楼 xī jiā lóu シィジィアロウ ［★☆☆］

昆明湖に面して立つ夕佳楼。夕佳楼という名前は、陶淵明の「山気日夕佳」からとられ、この建物の2階から美しい夕陽が見られることにちなむ。

▲左　名石が配置された楽寿堂の庭。　▲右　美しい夕日が見られることからその名がついた夕佳楼

徳和園 德和园 dé hé yuán ドゥハァユエン ［★☆☆］

仁寿殿の北に位置し、大戯楼と頤楽殿からなる徳和園。乾隆帝の時代には、皇帝と臣下が詩文や宴に興じた場所で、アロー号事件で消失したのちの1894年、西太后によって観劇用の舞台として再建された（下方に残る高さ20mの基壇は乾隆帝時代のもの）。朱色や緑、金色で装飾された大戯楼は、高さ21m吹き抜けの3階建てで、間口17 m、三層の舞台では同時に3つの観劇が可能だった。この大戯楼に向かい合うように頤楽殿があり、西太后はここから観劇した。

北京

楽寿堂 乐寿堂 lè shòu táng ルゥショウタン ［★★☆］

昆明湖に面するように立つ楽寿堂は、西太后の居室がおかれたところで、西太后が使用した宝座が残っている。西側が寝室、東側が更衣室となっていて、東の永寿斎は西太后の晩年に寵愛を受けた宦官李蓮英が居室に使っていた。この楽寿堂前には、銅製の鹿、鶴、名石の青芝岫が安置されているほか、庭には玉瀾、海棠、牡丹などが植えられている（乾隆帝時代の宮殿が消失したあと、1887年に再建された）。昆明湖と楽寿堂の接点には、西太后が北京市街から水路を通って頤和園にいたった西太后が上陸した桟橋（水木自親）も残っている。

▲左　昆明湖のほとりに楼閣や亭が展開する。　▲右　清朝ゆかりの品々が見られる文昌閣

知春亭 知春亭 zhī chūn tíng チィチュンティン［★☆☆］

仁寿殿の南西の昆明湖に突き出すように立つ知春亭。アロー号事件以降、光緒帝の時代に再建されたもので、頤和園の中心にそびえる仏香閣、昆明湖など美しい景色を見ることができる。

耶律楚材墓 耶律楚材墓
yē lǜ chǔ cái mù ユェリュウチュウツァイムゥ［★☆☆］

耶律楚材は金とモンゴルに仕えた名宰相として知られ、西山の玉泉山を故郷とする（遼の太祖耶律阿保機の子孫で、雅号

に故郷の玉泉を使っている)。科挙に合格した耶律楚材は金に仕え、チンギス・ハンによって北京が陥落するとモンゴルを主として、漢人や農耕地帯の統治法を説いた。もともと耶律楚材の墓は、万寿山北麓にあったが、乾隆帝が庭園を整備したときに、この場所に移して埋葬し直された。

文昌閣 文昌阁 wén chāng gé ウェンチャンガァ [★☆☆]
宮廷地区の南側に位置する文昌閣。清朝の皇帝や西太后にゆかりの品々が展示されている。

十七孔橋 十七孔桥
shí qī kǒng qiáo シィチィコンチャオ [★☆☆]

昆明湖に浮かぶ南湖島にかかる十七孔橋（乾隆帝時代に造営された）。長さ150 m、幅8 mからなる頤和園最大の橋で、17孔（穴）のアーチが見られるところからこの名前がつけられている。

Guide,
Qian Shan You Lan Qu
前山景区
鑑賞案内

広大な昆明湖に沿うように走る長廊
頤和園の中心にそびえる仏香閣
石づくりの清晏舫などが位置する前山遊覧区

昆明湖 昆明湖 kūn míng hú クンミンフゥ ［★★☆］
昆明湖は、頤和園の敷地の大部分をしめる湖。もともと小さな池だったが乾隆帝の時代に整備され、広大な水面をたたえるようになった。この昆明湖の水は水路を伝わって市街へ続き、北京の貴重な水源となってきた。昆明湖という名前は、紀元前120年、漢の武帝が雲南（昆明は雲南省の省都）を攻撃するための水軍訓練の人工湖を、長安の西につくったという故事にもとづく。

【地図】前山遊覧区

【地図】前山遊覧区の [★★★]
- [ ] 仏香閣 仏香阁 フォシィアンガァ

【地図】前山遊覧区の [★★☆]
- [ ] 昆明湖 昆明湖 クンミンフゥ
- [ ] 長廊 长廊 チャンラン
- [ ] 清晏舫 清晏舫 チンヤンファン
- [ ] 智慧海 智慧海 チィフゥイハイ
- [ ] 蘇州街 苏州街 スゥチョウジエ

【地図】前山遊覧区の [★☆☆]
- [ ] 排雲門 排云门 パイユンメン
- [ ] 排雲殿 排云殿 パイユンディエン
- [ ] 宝雲閣 宝云阁 バオユンガァ
- [ ] 転輪蔵 转轮藏 チュアンルンツァン
- [ ] 聴鸝館 听鹂馆 ティンリィグァン
- [ ] 画中遊 画中游 ファチョンヨウ
- [ ] 香岩宗印之閣 香岩宗印之阁 シャンヤンツォンインチィガァ
- [ ] 北宮門 北宫门 ベイゴンメン
- [ ] 多宝塔 多宝塔 ドゥバオタァ

前山遊覧区

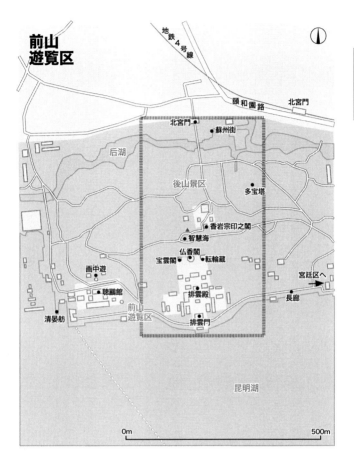

Yiheyuan ｜ 前山景区鑑賞案内

【地図】万寿山

【地図】万寿山の [★★★]
- [ ] 仏香閣 仏香阁 フォシィアンガァ

【地図】万寿山の [★★☆]
- [ ] 昆明湖 昆明湖 クンミンフゥ
- [ ] 長廊 长廊 チャンラン
- [ ] 智慧海 智慧海 チィフゥイハイ
- [ ] 蘇州街 苏州街 スゥチョウジエ

【地図】万寿山の [★☆☆]
- [ ] 排雲門 排云门 パイユンメン
- [ ] 排雲殿 排云殿 パイユンディエン
- [ ] 宝雲閣 宝云阁 バオユンガァ
- [ ] 転輪蔵 转轮藏 チュアンルンツァン
- [ ] 香岩宗印之閣 香岩宗印之阁 シャンヤンツォンインチィガァ
- [ ] 北宮門 北宫门 ベイゴンメン

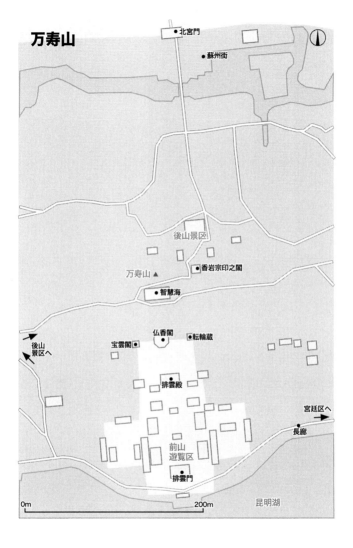

CHINA
北京

長廊 长廊 cháng láng チャンラン ［★★☆］

昆明湖に沿って東西に続く全長 728 mの長廊。中国の庭園を代表する廊下として知られ、廊下の途中に八角形のプランをもつ亭がもうけられている。これらの亭には留佳、寄瀾、秋水、清遥といった名前がつけられ、春夏秋冬が象徴されている。またこの長廊の梁部分には、風景、人物、山水、花鳥など北京の四季を題材にした彩色画が描かれ、その数は 8000 にのぼるという。

▲左　昆明湖に沿うように続く長廊。　▲右　排雲殿への入口の役割を果たす排雲門

排雲門 排云门 pái yún mén パイユンメン ［★☆☆］

長廊の中央部に位置する排雲門は、ちょうど排雲殿の正門にあたる。牌楼には「雲輝玉宇」の文字が記され、そこから黄色の瑠璃瓦でふかれた排雲殿、その先には仏香閣が見える。排雲門から排雲殿、仏香閣、智慧海へと山の斜面にそって、楼閣や亭が軸線上にならぶ。

排雲殿 排云殿 pái yún diàn パイユンディエン ［★☆☆］

頤和園の中軸線上に位置する排雲殿。内部の構造は仁寿殿に似ていて、中央の宝座に坐った西太后が誕生日の祝賀（百官

【MEMO】

CHINA
北京

▲左　昆明湖に船を浮かべて楽しむ人々。　▲右　頤和園のシンボル仏香閣がそびえる

の賀）を受けるなど、儀式にもちいられた（殿内には西太后の70歳の誕生日に送られた品々が展示されている）。乾隆帝時代にはこの場所に円寿寺の大雄宝殿があったが、アロー号事件の焼失後、西太后の命で、1887年に再建された。

仏香閣 仏香阁 fó xiāng gé フォシィアンガァ ［★★★］

万寿山にそびえる仏香閣は頤和園の中心に位置し、この庭園の象徴的存在となっている。排雲殿から石段をのぼったところに徳輝殿が位置し、さらに石段をのぼると仏香閣へといたる。八角形のプランをもつ三層の楼閣で、高さ20mの石の

CHINA
北京

基壇をあわせると 41m の高さになる（乾隆帝時代には九層からなる仏塔がそびえていて、基壇はそのときのもの）。建物内部は 8 本の柱が天井まで伸び、中央には巨大な仏像が安置されている。現在の建物は、1894 年に完成し、その後、いくども修復されている。この仏香閣からは、南の昆明湖など美しい頤和園の景色が視界に入る。

乾隆帝の清漪園

清朝第 6 代乾隆帝が母の孝聖太后の 60 歳を祝う目的で、大幅な庭園の整備をしたのが頤和園のはじまりで、1750 年、

▲左　銅でつくられた宝雲閣、独特のたたずまいをしている。　▲右　下から見あげた仏香閣

現在の頤和園のもとになる清漪園が完成した。庭園の中心に大報恩延寿寺を建立し、それまであった甕山を万寿山、園内の湖を浚渫して現在の広さにして昆明湖と名づけた。

宝雲閣 宝云阁 bǎo yún gé バオユンガァ ［★☆☆］

仏香閣の西側に立つ宝雲閣。白大理石の基壇のうえに立つ本体はすべて銅でつくられていることから、銅亭と呼ばれる（高さ7.5m、重さ207t）。1755年に建立され、南側の窓の下には造営にあたった人々の名前が刻まれている。1860年のアロー号事件のさいに仏像、窓枠などが略奪された。

転輪蔵 转轮藏 zhuǎn lún cáng チュアンルンツァン [★☆☆]

仏香閣の東側に立つ、緑の瑠璃瓦をもつ二層の建築、転輪蔵。もともと杭州の法雲寺の蔵経閣を模して建てられ、経蔵の役割を果たしていた。なかにはチベット式の木塔があり、これを回転させるとお経を唱えたのと同じ功徳が得られるという。また転輪蔵のそばには、高さ10m、幅2.3mの万寿山昆明湖碑が立つ。

聴鸝館 听鹂馆 tīng lí guǎn ティンリィグァン [★☆☆]

排雲殿の西側に立つ聴鸝館。このあたりには竹林が茂り、そ

【MEMO】

こから鶯の鳴き声が聞こえることから聴鸝館と呼ばれるようになった。

画中遊 画中游 huà zhōng yóu ファチョンヨウ ［★☆☆］
聴鸝館の北に立つ画中遊。万寿山の借景をもちいて楼閣や亭が配置され、画中のような景色が見られるところからこの名前がつけられた。

清晏舫 清晏舫 qīng yàn fǎng チンヤンファン ［★★☆］
昆明湖に沿って走る長廊西端の湖畔に浮かぶように立つ清

▲左 四隅のそり返った屋根をもつ聴鸝館。　▲右 西太后が愛した清晏舫

晏舫。長さ36mある船の部分は乾隆帝の時代に建造された。1860年に消失したあと、1893年、西太后の命で再建され、本体上部に西欧風の船楼が建てられ、外輪がつけ加えられた（清晏舫の名前に改められた）。

西堤 西堤 xī dī シィディ ［★☆☆］

杭州の西湖にある蘇堤を模してつくられた西堤。江南の美しい風景が意識され、橋をいくつもかけ、その側に木が植えられている。

【MEMO】

CHINA
北京

Guide,
Hou Shan Jing Qu
後山景区
鑑賞案内

万寿山の頂上に立つ智慧海

乾隆帝が江南を思ってつくらせた蘇州街

万寿山の北側に展開する楼閣や亭

智慧海 智慧海 zhì huì hǎi チィフゥイハイ ［★★☆］

万寿山の山頂に立つ二層の仏閣、智慧海。5色の瑠璃瓦とレンガで彩られた極彩色の姿を見せる。レンガの外壁が屋根を支える構造で、梁がないところから無梁殿とも言われる。壁面には1000体もの仏像が配置されている。

香岩宗印之閣 香岩宗印之阁 xiāng yán zōng yìn zhī gé シャンヤンツォンインチィガァ ［★☆☆］

香岩宗印之閣は乾隆帝時代に創建されたチベット仏教寺院。清朝ではチベット仏教が保護され、この香岩宗印之閣を中

心に曼荼羅のように建物が配置されている。現在の建物は1900年の義和団事件で焼かれたのちに再建された。

蘇州街 苏州街 sū zhōu jiē スゥチョウジエ ［★★☆］

北宮門に近い運河に面するように続く蘇州街。水と緑で彩られた江南の景色を愛した乾隆帝によって、蘇州の街を模してつくられた（1795年）。日用品などを扱う店がならび、乾隆帝や宦官などがこの蘇州街をそぞろ歩いたという。1860年のアロー号事件で荒廃したが、その後、再建された。

▲左　曼荼羅のような空間構造をもつ香岩宗印之閣。　▲右　万寿山の頂部に立つ智慧海

北宮門 北宫门 běi gōng mén ベイゴンメン ［★☆☆］

頤和園北側の入口となっている北宮門。乾隆帝時代はこちらに正門がおかれていた。北宮門から后湖にかけられた長橋、蘇州街、山頂の智慧海と、万寿山の北側斜面へと軸線上に建物が続いていく。

多宝塔 多宝塔 duō bǎo tǎ ドゥバオタァ ［★☆☆］

万寿山北側斜面に立つ八角七層の多宝塔。塔の表面は瑠璃磚で装飾され、壁面には仏像がはめこまれている。

▲左　蘇州街の様子、江南の街並みが再現されている。　▲右　「園中の園」諧趣園

諧趣園 谐趣园 xié qù yuán シエチュウユェン［★★☆］

頤和園の北東部に位置する諧趣園。中央の池をめぐるように亭や楼閣が配置された庭園で、「園中の園」と呼ばれる。春に柳、夏には蓮華と四季折々の美しさを見せ、皇帝が池で釣りを楽しんだという。もともと18世紀、清朝第6代乾隆帝が江南に南巡したとき、江蘇省無錫の寄暢園に感銘を受け、それをこちらに再現したのはじまりで、当時は恵山園と呼ばれていたが、第11代光緒帝の時代に諧趣園と改名された。

【MEMO】

絶大な力
を握った
怪女

西太后は清朝第 9 代咸豊帝の后として頭角を現し
第 10 代同治帝、第 11 代光緒帝、そして第 12 代宣統帝へ
続く激動の清朝末期に君臨した

垂簾聴政を行なった西太后

西太后は清朝第 9 代咸豊帝の妃として紫禁城で暮らし、西六宮を住まいとしていたことから西太后と呼ばれるようになった（後宮の女性は、東六宮と西六宮に暮らし、同様の理由で咸豊帝の皇后は東太后と呼ばれた）。咸豊帝がなくなると、自らの子でいまだ幼帝の同治帝に代わって、恭親王、東太后とともに摂政を行ない、権力闘争に勝利して清朝の政治を掌握した。また同治帝がなくなると同じく幼帝の光緒帝を即位させるなど、清朝末期に半世紀にわたって絶大な権力を誇った（垂簾聴政）。頤和園や宮廷内では、老仏爺という

CHINA
北京

尊称で呼ばれ、1835年に生を受けてから清朝が滅亡する直前の1908年まで生きた(西欧人には empress dowager、old buddha と呼ばれていた)。

奢侈をきわめた生活

19世紀の清朝末期に半世紀にわたって君臨した西太后。頤和園での西太后の生活は奢侈をきわめ、その生活のために音楽を演奏する楽隊が1200人、8か所ある調理場には120人の料理人が配置されていた。西太后の食卓には100皿もの料理がならび、満州族と漢族の料理のなかで選びぬかれた満漢

Yiheyuan 絶大な力を握った怪女

▲左　万寿山の北斜面に立つ多宝塔。　▲右　世界遺産に指定された頤和園へいたる牌楼

全席に代表されるように食文化が洗練された。また礼制に基づいて、春は牡丹、夏は蓮、秋は菊、冬は黄色い唐梅が刺繍された衣服を着、それは毎日3度着替えても一生着終わらないほどだった。頤和園で虎やライオンのサーカスを見せたロシアの一団には、1万両（5億円とも言われる）もの大金を出したとも伝えられ、臣下を集めて行なわれた宴のたびに10万両もの銀が使われるなど、西太后が頤和園に滞在しているとき、毎日、1万両もの銀が北京城から頤和園へと運ばれたという。

CHINA
北京

海軍費を頤和園へ流用

西太后の生きた時代は、西欧列強が中国に進出し、清朝は斜陽を迎えていた。このようななか洋務運動を通して、清朝でも西欧式の装備をもつ北洋艦隊が整備されたが、西太后の命で北洋艦隊への海軍費がアロー号事件などで荒廃した頤和園の改築費に流用されるということがあった（清朝海軍衙門の経理は醇親王奕譞）。頤和園と中南海、北海の造営工事に流用された海軍の経費は計銀1300万両にのぼったと言われる。こうしたところから李鴻章がひきいる北洋艦隊は装備が不十分になり、日清戦争の黄海の海戦で敗れる要因にもなったと

Yiheyuan 絶大な力を握った怪女

いう(1888年に完成し、1891年に長崎に航海したときの北洋艦隊は当時の日本海軍の装備よりもうえだったが、わずか数年で逆転した)。

Guide,
Yuan Ming Yuan
円明園
鑑賞案内

円明園は市街北西に広がる皇帝の庭園跡
かつて天を移し、地を縮めて「園中の園」と呼ばれたが
1860年、北京に進軍した英仏軍の略奪を受けて廃墟となった

円明三園 圆明三园 yuán míng sān yuán
ユゥアンミンサンユェン ［★★☆］

円明園は清朝皇帝の離宮がおかれた庭園群跡で、円明園、長春園、綺春園の3つを総称して円明園（円明三園）と呼ぶ。その面積は故宮よりも広大で、周囲は10kmにおよび、地下水が豊富なことから大小の人工湖が敷地面積の多くを占める。この円明園の歴史は、清朝第4代康熙帝が離宮があった暢春園の北側を、1708年に第4子胤禛（第5代雍正帝）に送ったことにはじまる。第5代雍正帝は即位すると、1725年からこの庭園に亭や楼閣を建て、円明園のすぐ東に長春園

【地図】円明園

【地図】円明園の [★★★]
- [ ] 頤和園 颐和园 イィハァユェン

【地図】円明園の [★★☆]
- [ ] 円明三園 圆明三园 ユゥアンミンサンユェン
- [ ] 長春園 长春园 チャンチュンユェン

【地図】円明園の [★☆☆]
- [ ] 綺春園 绮春园 チィチュンユェン
- [ ] 円明園 圆明园 ユゥアンミンユェン

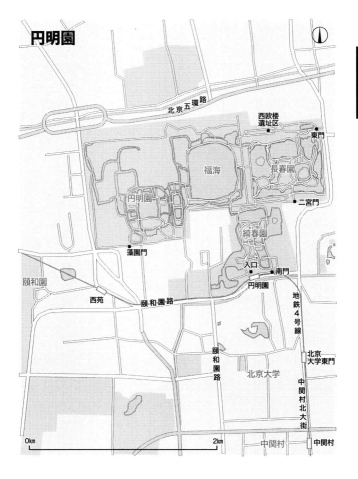

CHINA
北京

を、さらに南に綺春園をつくった。以後、150年に渡って離宮は増築され、とくに第6代乾隆帝がイタリア人宮廷画家カスティリオーネに命じて、西洋式庭園を完成させたことで知られる。1860年のアロー号事件で消失したが、西欧人には頤和園のサマー・パレスに対して、オールド・サマー・パレスと呼ばれていた。

綺春園 绮春园 qǐ chūn yuán チィチュンユェン ［★☆☆］
円明園の南東、北京市街にもっとも近い場所に位置する綺春園（万春園とも呼ばれる）。乾隆帝の時代に大幅に拡大され、

▲左　綺春園の入口、円明園は広大な敷地をもつ。　▲右　アロー号事件で廃墟となった

人工湖の周囲に亭が点在する。

長春園 长春园
cháng chūn yuán チャンチュンユェン [★★☆]

長春園は円明園の東側に位置し、18世紀なかば、第6代乾隆帝が老後を過ごす目的で造営した。この長春園の北側には乾隆帝がカスティリオーネに命じてつくらせた西洋式庭園があり、ここが円明園遺跡の中核になっている。かつて東西の長さ750m、幅70mの細長い土地に大水法と呼ばれた噴水、西洋楼などの建築が建ち、西洋式庭園が広がっていた。1860

CHINA
北京

年のアロー号事件で破壊の憂き目にあった円明園にあって、大水法は比較的よい状態で残っている。

乾隆帝の命による西洋庭園

イエズス会の宣教師として北京を訪れたカスティリオーネは、康熙帝、雍正帝、乾隆帝の3人の皇帝に仕え、51年ものあいだ皇帝のために絵を描き続けた（中国での名前は郎世寧と言い、イエズス会士は技術者として宮廷に仕えた）。1747年、乾隆帝は西洋絵画に描かれた噴水に興味をいだき、カスティリオーネにこれと同じものをつくるよう命じた。画

▲左　西洋風の彫刻で彩られていた。　▲右　カスティリオーネによる西洋式庭園

家であったカスティリオーネは、建築や噴水の知識がなかったため、天文学に通じた他のイエズス会士の協力を得て、ヴェルサイユ宮殿のものを模したという西洋式庭園を13年間がかりで造営した（その全貌は銅版画からうかがえる）。木造の中国建築と違って、西欧と同じように石材がもちいられ、それは南方からとり寄せられた。円明園の西洋庭園の造営にあたって、乾隆帝は毎日のようにこの場所に通い、細かい指示を出したという。

Guide, Xi Shan
西山城市案内

北京市街の西郊に広がる西山
四季折々の自然を見せる香山はじめ
歴史ある仏教寺院が点在する

西山と皇帝の庭園

北京市街から見て、北西部に大規模な庭園群が位置するのが確認できる。西山には12世紀の金代から皇帝の離宮がおかれてきたが、清代になると西山一帯が皇帝の土地だとされた。北海公園、円明園、静宜園、清漪園（頤和園）などが皇帝が所有する庭園で、そのほかにも承徳にある避暑山荘があった。北京から承徳までは6日を要したため、清朝皇帝は円明園を避暑地とすることが多かった。

【地図】北京西郊外

【地図】北京西郊外の [★★★]
- [ ] 頤和園 颐和园 イィハァユェン

【地図】北京西郊外の [★★☆]
- [ ] 碧雲寺 碧云寺 ビィユゥンスー

【地図】北京西郊外の [★☆☆]
- [ ] 臥佛寺 卧佛寺 ウォーフォースー
- [ ] 八大処公園 八大处公园 バァダァチュウゴンユェン
- [ ] 法海寺 法海寺 ファハイスー
- [ ] 大覚寺 大觉寺 ダァジャオスー
- [ ] 妙峰山 妙峰山 ミャオフェンシャン

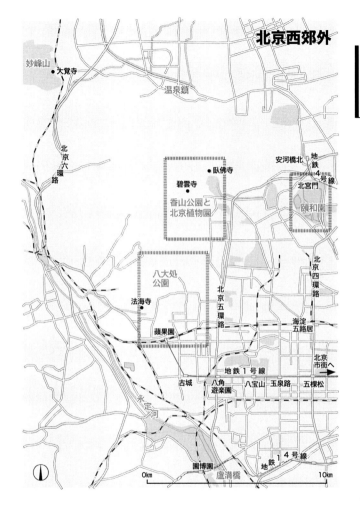

【地図】香山公園と北京植物園

【地図】香山公園と北京植物園の [★★☆]
- ☐ 碧雲寺 碧云寺 ビィユゥンスー

【地図】香山公園と北京植物園の [★☆☆]
- ☐ 香山公園 香山公园 シャンシャンゴンユェン
- ☐ 昭廟 昭庙 チャオミャオ
- ☐ 瑠璃塔 琉璃塔 リュウリィタァ
- ☐ 孫中山記念堂(碧雲寺) 孙中山纪念堂 スンチョンシャンジィニェンタン
- ☐ 金剛宝座塔(碧雲寺) 金刚宝座塔 ジンガンバオズゥオタァ
- ☐ 北京植物園 北京植物园 ベイジンチィウゥユェン
- ☐ 臥佛寺 卧佛寺 wò fó sì ウォーフォースー

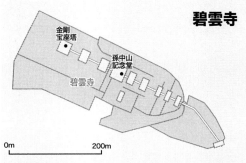

CHINA
北京

香山公園 香山公园
xiāng shān gōng yuán シャンシャンゴンユェン [★☆☆]

四季折々に変化を見せる自然とともにいくつもの景勝地が残る香山公園。金の章宗はここに降る雪を「西山積雪」として燕京八景のひとつに選び、また清代には王朝の御苑、また狩猟場がおかれていた。標高557mの香爐峰を最高峰とし、唐代より北京有数の伝統をもつ香山寺、明代に建てられた玉華山荘、泉を中心に回廊や楼閣をめぐらせた見心斎、毛沢東が故居とした双清別墅などが位置する。1860年のアロー号事件と1900年の義和団事件のときに香山公園も破壊をこうむ

▲左　香山公園でも一際目立つ瑠璃塔。　▲右　香山へいたる道には売店がならぶ

り、瑠璃牌坊と銅の獅子だけが原型を留めるのみだったという。1949年以後、一般に開放された。

昭廟 昭庙 zhāo miào チャオミャオ ［★☆☆］

昭廟は香山の東北に位置するチベット仏教廟。乾隆帝の時代の1780年にパンチェン・ラマを迎えるために建てられ、チベットにあるタシルンポ寺を模して設計されたという。

瑠璃塔 琉璃塔 liú lí tǎ リュウリィタァ ［★☆☆］

瑠璃塔は、香山公園の美しい自然のなかに立つ高さ30mの

七層の塔。石づくりの台座に八角形の本体が載り、外壁は緑と黄色の瑠璃磚で彩られている。塔内には大理石の仏像が安置されている。

碧雲寺 碧云寺 bì yún sì ビィユゥンスー ［★★☆］
香山の北山麓に位置し、山門から最奥の金剛宝座塔まで100m以上の高度さをもつ碧雲寺。元代の1332年ごろ、耶律阿利吉（耶律楚材の子孫）が庵をおいたことをはじまりとし、明代には宦官の別荘とされ、清代に金剛宝座塔（ブッダが悟りを開いたブッダガヤにある塔が模されている）が建てられ

た。杏や桃が咲く春、紅葉が美しい秋など四季折々の自然を見せることから、歴代王朝の行宮がおかれることもあった。

悪名高き宦官の別荘

明代、第16代天啓帝に代わって権力を手中にし、政治をほしいままにした宦官の魏忠賢の別荘が碧雲寺にあった。魏忠賢は、北京へと続く運河を私有化し、塩や織物の利権で巨財をなして、1623年、この寺院の建設にあたった（金銀で装飾された寺院は、宮殿のようであったという）。第17代崇禎帝が即位すると魏忠賢は縊首し、死体は打首にされてさらし

ものとなった(魏忠賢は碧雲寺の背部に自分の陵墓を築いていたが、そこに葬られることはなかった)。

孫中山記念堂 孙中山纪念堂 sūn zhōng shān jì niàn táng
スンチョンシャンジィニェンタン [★☆☆]

中国革命の父として知られる孫文にちなむ孫中山紀念堂(普明妙覚殿が正式名称)。1925年3月12日、北京で客死した孫文の遺体は4年間、碧雲寺の金剛宝座塔内の衣冠塚に安置されていた。その後、1929年、碧雲寺で告別式が行なわれたのち、遺体は中華民国の首都南京へ移送され、中山陵に安

▲左　山の斜面を利用して伽藍が展開する碧雲寺。　▲右　臥佛寺の入口、唐代以来の伝統をもつ

置された。そのようなところから孫文の手紙やソ連から送られたというガラス製の棺、写真、資料などが展示されている。また孫文が生存しているときには国民党右派、左派、共産党がひとつにまとまっていたが、国民党右派がここ碧雲寺に集まって汪精衛と共産党を国民党から追い出すなどの方針が決められた（西山会議）。

金剛宝座塔 金刚宝座塔
jīn gāng bǎo zuò tǎ ジンガンバオズゥオタァ ［★☆☆］

碧雲寺の最奥に位置する金剛宝座塔。1748年、インドのブッ

ダガヤにある塔をもとに建てられた。十三層からなる中央の塔の四隅に1塔が載る様式で、細部まで精緻な浮き彫りがほどこされている。宝座から塔は高さ34.7mあり、すべて漢白玉製となっている。

北京植物園 北京植物园
běi jīng zhí wù yuán ベイジンチィウゥユェン [★☆☆]
西山の寿庵山麓に展開する北京植物園。広大な敷地をもち、3000種類以上の植物が栽培されているほか、展覧温室では亜熱帯の植物が見られる。また中華人民共和国成立後、ラス

▲左　涅槃仏を安置する臥佛寺。　▲右　北京植物園、その敷地はかなり広い

トエンペラー愛新覚羅溥儀が勤務したことでも知られる。

臥佛寺 卧佛寺 wò fó sì ウォーフォースー ［★☆☆］

北京植物園の敷地内、聚宝山南麓に位置する臥仏寺。7世紀前半の唐代（貞観）に開基された名刹で、元明清代を通じて北京の中心的な仏教寺院だった（大きな涅槃仏が安置されているから臥仏寺と呼ばれるようになった）。現在の規模になったのは元代の1321年に、7000人、50万欣（285t）の銅を使って重修されてからで、明代、清代には皇帝の行宮がおかれることもあった。

北京

大雄宝殿 大雄宝殿
dà xióng bǎo diàn ダァシィオンバオディエン [★☆☆]

臥佛寺の最奥に立つ大雄宝殿には、寺名の由来となった長さ3.5mの涅槃仏が安置されている。ブッダが最後の説法をしたあと、沙羅双樹のしたで涅槃に入る様子が表現されていて、元代の1321年にはじめてつくられた（現在の涅槃仏は明代のものだという）。涅槃仏を囲むように12体の菩薩塑像が安置されている。

インドからもたらされた沙羅双樹

臥仏寺の境内には、唐代、インドからもたらされた沙羅双樹が残っている（ブッダが涅槃に入るとき沙羅双樹の花が散ったと伝えられる）。西域からの沙羅双樹の種子は、北京のほかにも南方の天台山などにももたらされている。

中国の仏教

中国仏教の最盛期は隋唐時代だされ、北京の西山にもこの時代に創建された寺院が多い。隋や唐といった王朝が都をおいたのは長安や洛陽で、北京はそこからみれば東北の辺境にあ

たったため、長安仏教とは異なる発展を見せることになった。

玉泉山 玉泉山 yù quán shān ユゥチュアンシャン [★☆☆]
玉泉山は万寿山の西に位置し、ここから見る虹の美しさは「玉泉垂虹」として燕京八景にもあげられている。海陵王の行宮がおかれ、金代の章宗のときには、この山頂に芙蓉殿という離宮が建てられるなど、元、明、清代を通じて寺院が建立されてきた。皇帝の避暑地として知られたほか、玉泉山の水は「天下第一の水」とされ、水路を通って紫禁城にまでひかれていた（金代、元代からこの玉泉山の水が北京市街にひかれ、

▲左　玉泉山は燕京八景のひとつ「玉泉垂虹」で知られる。　▲右　麺を伸ばす人、香山公園近くにて

清代にはこの水は、宮廷専用のための水として、毎日、北京に運搬され、料理や茶などにもちいられた）。

明景泰陵 明景泰陵
míng jīng tài líng ミンジンタイリン [★☆☆]

玉泉山の北側、明の第7代景泰帝が眠る明景陵。明十三陵ではなく、ここに景泰帝の墓があるのは1449年に土木の変が起こり、景泰帝は皇帝ではなく、王の身分で埋葬されたことによる（モンゴルへ拉致された兄の第6代正統帝に代わって第7代景泰帝として即位したが、その翌年に正統帝がモンゴ

CHINA
北京

ルから戻り、第8代天順帝として復位。景泰帝は退位した)。その後、第9代成化帝は景泰帝の帝号を復活させてここの王墓を帝陵とした。また清代、景泰陵は荒廃していたが、清の第11代光緒帝が宦官に命じて重修させた。明の第3代永楽帝が都を南京から北京に遷したため、以後の13人の皇帝が明十三陵におさめられているなか、初代洪武帝の墓は南京にあり、永楽帝が簒奪して帝位についたことから第2代建文帝は長らく皇帝と認められず、第7代景泰帝は王として玉泉山北に埋葬されることになった。

▲左　道端では軽食をつまむことができる。　▲右　八大処公園にて、あたりは山に抱かれている

土木の変

明はモンゴル族（元）を北方に追いやって樹立され、第3代永楽帝の時代に、南京から北京に首都が遷された。一方、モンゴル族は万里の長城以北でも力を蓄え、15世紀なかごろから、モンゴル高原に覇を唱えたオイラート族のエセンは、たびたび明の北辺をおびやかすようになった。1449年、大同へ侵入したエセンに対して、明第6代正統帝は軍をひきいて応じるが、逆に河北省土木でエセンに捕まってしまった（そのため第7代景泰帝が即位する）。その後、エセンは北京を包囲して明をおどしたものの、明側はこれに応じず、結局翌年、正統帝は無条件で釈放された。

【地図】八大処公園

【地図】八大処公園の ［★☆☆］
- 八大処公園 八大処公园 バァダァチュウゴンユェン

CHINA
北京

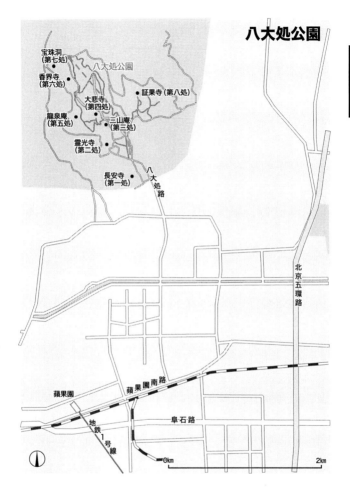

【MEMO】

CHINA
北京

▲左 ８つの寺院が集まる八大処公園。 ▲右 装飾文字を描く職人に出会った

八大処公園 八大处公园
bā dà chù gōng yuán バァダァチュウゴンユェン [★☆☆]

香山の西、翠微山、平坡山、廬師山の三山が横たわる場所に位置する八大処公園。８つの名刹が点在することからこの名前がつけられ、第一処の長安寺からはじまり、仏舎利塔のそびえる第二処の霊光寺、三山庵、大悲寺、龍泉庵、香界寺、宝珠洞寺、証果寺へと続いていく（これらの寺院群は明代に創建されたものが多いが、もっとも古いものは隋唐代に開基されている）。

北京

法海寺 法海寺 fǎ hǎi sì ファハイスー [★☆☆]

明代の 1439 年に宦官李童が官吏、仏教僧らの助力を受けて創建した法海寺。とくに大雄宝殿の仏龕の背後に描かれた壁画が有名で、水月観音を中心に右に文殊菩薩、左に普賢菩薩が見える。

大覚寺 大觉寺 dà jiào sì ダァジャオスー [★☆☆]

大覚寺は、古く金の章宗が定めた西山八院の清水院の跡に建てられた古刹。明の第 5 代宣徳帝の時代に再建され、西山を代表する仏教寺院として知られてきた。

妙峰山 妙峰山
miào fēng shān ミャオフェンシャン [★☆☆]

北京西部を流れる永定河を上流へさかのぼったところにそびえる妙峰山。民間信仰の道教の霊山とされ、山頂は1291mになる。美しい自然のなか奇石がおかれ、天仙聖母碧霞元君をまつる娘娘廟は女性からの信仰を集めている。

西欧の
侵略と
清朝落日

清朝が斜陽を迎えるなか西太后は贅の限りを尽くした
繰り返される頤和園の破壊、そして修復
近代から現代へ続く中国の歴史

ふたつのアヘン戦争

15世紀に西欧の大航海時代がはじまり、明代には中国と西欧の交易が行なわれるようになった。こうしたなか中国との交易拡大を求めるイギリスは、1793年、ジョージ・マカートニーを北京に派遣した。円明園に到着したマカートニーは、乾隆帝のいる承徳の離宮へと向かったが、イギリスの願いはことごとく却下された。それから半世紀が過ぎ、イギリスは茶の輸入による貿易赤字を埋めるために、インド産アヘンを中国に輸出。それをとりしまる清朝とのあいだで1840年にアヘン戦争が起こり、近代兵力をもつイギリスの勝利に終

CHINA
北京

わった。このとき香港が割譲され、上海などが開港されたが、その余韻がさめやらぬ1860年に、「アロー号で国旗がおろされ侮辱された」という言いがかりをつけて、イギリス、フランス軍は天津から北京に侵入し、北京の円明園、暢春園、静明園など三園が破壊され、清漪園（頤和園）も廃墟となった。このとき西太后は承徳（熱河）に逃れていたが、離宮にあった膨大な宝物が戦利品として運び去られ、北京西山の空は黒い煙に覆われ、3日間、火が消えなかったという。

▲左　王朝の離宮だった頤和園も今では多くの人が訪れる。　▲右　西太后が坐った宝座が見える、頤和園排雲殿にて

洋務運動と戊戌の変法

太平天国（1851〜1864年）の鎮圧にあたって、西欧の武器が有効だったこともあり、西欧の科学や技術を中国に輸入しようとする洋務運動がはじまった。こうした洋務運動がうまく進まないなか、明治維新を成功させて近代化した日本の制度（天皇を中心とする）にならって、1898年、第11代光緒帝が自ら政治を行なう戊戌の変法が進められた。この流れは西太后（1835〜1908年）とその一派によってわずか3か月でつぶされてしまい、光緒帝は頤和園の玉瀾堂に幽閉されてしまった（西太后死後の1911年に辛亥革命が起こり、翌年、清朝は滅亡した）。

北京

義和団事件での北京占領

1900年、清朝が西欧列強に侵略されるという状況のなかで、山東省を中心に「扶清滅洋（清を助け、西洋を滅ぼす）」をかかげる義和団の乱が起こった。このとき西太后は義和団の力を借りて西欧列強を滅ぼそうと考えたが、乱の鎮圧にあたった8カ国連合軍が北京に進軍し、ロシア、イギリス、イタリア軍が頤和園に1年間進駐することになった。西太后は身をやつして西安へと逃れたが、頤和園は焼かれ、宝物がもちさられた（このときに光緒帝の愛する珍妃が投げ込まれた井戸が故宮に残っている）。義和団事件が終わると、西太后

西欧の侵略と清朝落日

Yiheyuan

ははじめて汽車に乗って北京に戻り、西欧びいきになったと伝えられる。巨額の財を投じて、荒廃した頤和園の修復工事を行ない、やがて西太后は1年の多くを頤和園で過ごすようになった。1924年、頤和園の管理は皇室から北京市に移り、1948年から一般公開された。

参考文献

『西太后』(加藤徹 / 中央公論社)

『アロー戦争と円明園』(矢野仁一 / 中央公論社)

『北京の史蹟』(繭山康彦 / 平凡社)

『中国世界遺産の旅 1』(石橋崇雄 / 講談社)

『頤和園志』(北京市地方志編纂委員会 / 北京出版社)

『世界大百科事典』(平凡社)

[PDF] 北京空港案内 http://machigotopub.com/pdf/beijingairport.pdf

[PDF] 北京空港シャトルバス路線図 http://machigotopub.com/pdf/beijingairportbus.pdf

[PDF] 北京地下鉄路線図 http://machigotopub.com/pdf/beijingmetro.pdf

[PDF] 地下鉄で「北京めぐり」 http://machigotopub.com/pdf/metrowalkbeijing.pdf

[PDF] 北京新都心 CBD 案内 http://machigotopub.com/pdf/beijingcbdmap.pdf

まちごとパブリッシングの旅行ガイド

Machigoto INDIA , Machigoto ASIA , Machigoto CHINA

【北インド - まちごとインド】

001 はじめての北インド
002 はじめてのデリー
003 オールド・デリー
004 ニュー・デリー
005 南デリー
012 アーグラ
013 ファテープル・シークリー
014 バラナシ
015 サールナート
022 カージュラホ
032 アムリトサル

【西インド - まちごとインド】

001 はじめてのラジャスタン
002 ジャイプル
003 ジョードプル
004 ジャイサルメール
005 ウダイプル
006 アジメール(プシュカル)
007 ビカネール
008 シェカワティ
011 はじめてのマハラシュトラ
012 ムンバイ
013 プネー
014 アウランガバード
015 エローラ
016 アジャンタ
021 はじめてのグジャラート
022 アーメダバード
023 ヴァドダラー(チャンパネール)
024 ブジ(カッチ地方)

【東インド - まちごとインド】

002 コルカタ
012 ブッダガヤ

【南インド - まちごとインド】

001 はじめてのタミルナードゥ
002 チェンナイ
003 カーンチプラム
004 マハーバリプラム
005 タンジャヴール
006 クンバコナムとカーヴェリー・デルタ
007 ティルチラパッリ
008 マドゥライ
009 ラーメシュワラム
010 カニャークマリ
021 はじめてのケーララ
022 ティルヴァナンタプラム
023 バックウォーター(コッラム〜アラップーザ)
024 コーチ(コーチン)
025 トリシュール

【ネパール - まちごとアジア】

001 はじめてのカトマンズ
002 カトマンズ
003 スワヤンブナート

004 パタン
005 バクタプル
006 ポカラ
007 ルンビニ
008 チトワン国立公園

【バングラデシュ - まちごとアジア】

001 はじめてのバングラデシュ
002 ダッカ
003 バゲルハット（クルナ）
004 シュンドルボン
005 プティア
006 モハスタン（ボグラ）
007 パハルプール

【パキスタン - まちごとアジア】

002 フンザ
003 ギルギット（KKH）
004 ラホール
005 ハラッパ
006 ムルタン

【イラン - まちごとアジア】

001 はじめてのイラン
002 テヘラン
003 イスファハン
004 シーラーズ
005 ペルセポリス
006 パサルガダエ（ナグシェ・ロスタム）
007 ヤズド
008 チョガ・ザンビル（アフヴァーズ）
009 タブリーズ
010 アルダビール

【北京 - まちごとチャイナ】

001 はじめての北京
002 故宮（天安門広場）
003 胡同と旧皇城
004 天壇と旧崇文区
005 瑠璃廠と旧宣武区
006 王府井と市街東部
007 北京動物園と市街西部
008 頤和園と西山
009 盧溝橋と周口店
010 万里の長城と明十三陵

【天津 - まちごとチャイナ】

001 はじめての天津
002 天津市街
003 浜海新区と市街南部
004 薊県と清東陵

【上海 - まちごとチャイナ】

001 はじめての上海
002 浦東新区
003 外灘と南京東路
004 淮海路と市街西部
005 虹口と市街北部
006 上海郊外（龍華・七宝・松江・嘉定）
007 水郷地帯（朱家角・周荘・同里・甪直）

【河北省 - まちごとチャイナ】

001 はじめての河北省
002 石家荘
003 秦皇島
004 承徳
005 張家口
006 保定
007 邯鄲

【江蘇省 - まちごとチャイナ】

001 はじめての江蘇省
002 はじめての蘇州
003 蘇州旧城
004 蘇州郊外と開発区
005 無錫
006 揚州
007 鎮江
008 はじめての南京
009 南京旧城
010 南京紫金山と下関
011 雨花台と南京郊外・開発区
012 徐州

【浙江省 - まちごとチャイナ】

001 はじめての浙江省
002 はじめての杭州
003 西湖と山林杭州
004 杭州旧城と開発区
005 紹興
006 はじめての寧波
007 寧波旧城
008 寧波郊外と開発区
009 普陀山
010 天台山
011 温州

【福建省 - まちごとチャイナ】

001 はじめての福建省
002 はじめての福州
003 福州旧城
004 福州郊外と開発区
005 武夷山
006 泉州
007 厦門
008 客家土楼

【広東省 - まちごとチャイナ】

001 はじめての広東省
002 はじめての広州
003 広州古城
004 天河と広州郊外
005 深圳(深セン)
006 東莞
007 開平(江門)
008 韶関
009 はじめての潮汕
010 潮州
011 汕頭

【遼寧省 - まちごとチャイナ】

001 はじめての遼寧省
002 はじめての大連
003 大連市街
004 旅順
005 金州新区

006 はじめての瀋陽
007 瀋陽故宮と旧市街
008 瀋陽駅と市街地
009 北陵と瀋陽郊外
010 撫順

【重慶 - まちごとチャイナ】

001 はじめての重慶
002 重慶市街
003 三峡下り（重慶〜宜昌）
004 大足

【香港 - まちごとチャイナ】

001 はじめての香港
002 中環と香港島北岸
003 上環と香港島南岸
004 尖沙咀と九龍市街
005 九龍城と九龍郊外
006 新界
007 ランタオ島と島嶼部

【マカオ - まちごとチャイナ】

001 はじめてのマカオ
002 セナド広場とマカオ中心部
003 媽閣廟とマカオ半島南部
004 東望洋山とマカオ半島北部
005 新口岸とタイパ・コロアン

【Juo-Mujin（電子書籍のみ）】

Juo-Mujin 香港縦横無尽
Juo-Mujin 北京縦横無尽
Juo-Mujin 上海縦横無尽

【自力旅游中国 Tabisuru CHINA】

001 バスに揺られて「自力で長城」
002 バスに揺られて「自力で石家荘」
003 バスに揺られて「自力で承徳」
004 船に揺られて「自力で普陀山」
005 バスに揺られて「自力で天台山」
006 バスに揺られて「自力で秦皇島」
007 バスに揺られて「自力で張家口」
008 バスに揺られて「自力で邯鄲」
009 バスに揺られて「自力で保定」
010 バスに揺られて「自力で清東陵」
011 バスに揺られて「自力で潮州」
012 バスに揺られて「自力で汕頭」
013 バスに揺られて「自力で温州」

【車輪はつばさ】
南インドのアイラヴァテシュワラ寺院には建築本体に車輪がついていて寺院に乗った神さまが人びとの想いを運ぶと言います。

・本書はオンデマンド印刷で作成されています。
・本書の内容に関するご意見、お問い合わせは、発行元のまちごとパブリッシング info@machigotopub.com までお願いします。

まちごとチャイナ
北京008頤和園と西山
〜西太后の愛した「サマー・パレス」[モノクロノートブック版]

2017年11月14日　発行

著　者	「アジア城市（まち）案内」制作委員会
発行者	赤松　耕次
発行所	まちごとパブリッシング株式会社
	〒181-0013　東京都三鷹市下連雀4-4-36
	URL http://www.machigotopub.com/
発売元	株式会社デジタルパブリッシングサービス
	〒162-0812　東京都新宿区西五軒町11-13
	清水ビル3F
印刷・製本	株式会社デジタルパブリッシングサービス
	URL http://www.d-pub.co.jp/

MP084

ISBN978-4-86143-218-7 C0326　　　Printed in Japan
本書の無断複製複写（コピー）は、著作権法上での例外を除き、禁じられています。